Wolfgang Schnepper

D-Jugend / C-Jugend Fußballtraining - Mit 10 Profi-Trainingseinheiten den Erfolg sichern

Kognitive Fähigkeiten-Grundtechniken-Fußballspezifische Ausdauer

Wolfgang Schnepper, Jahrgang 1964, Diplomsportlehrer, Ex-Bezirksligaspieler im Fußball, 1988-89 in der deutschen Triathlonspitze, 1990 Bayerischer Meister im Body-Building, 1998 Konditionstrainer im bezahlten Fußball, Fußballabitur mit der Note "sehr gut", 2003 - 2006 Sportlehrer an einer Gesamtschule, Autor mit über 45 geschriebenen Büchern über Kurzgeschichten, Erzählungen und über Fußballtraining, Fußballroman, Fußballgeschichte, Sportpsychologie, Fitness und vieles mehr

Satz und Layout: Wolfgang Schnepper
Grafiken und Bilder Manfred Claßen, coachfix Covergrafik:

Verlag: BoD · Books on Demand GmbH, In de Tarpen 42,
22848 Norderstedt, bod@bod.de
Druck: Libri Plureos GmbH, Friedensallee 273, 22763 Hamburg
ISBN: 978-3-7504-3464-6

Inhaltsverzeichnis

Vorwort

Die Saisonvorbereitung mit deiner D- oder C-Jugendmannschaft ist beendet (siehe hierzu auch unser Buch D-Jugend / C-Jugend Training 30 komplette Trainingseinheiten von Wolfgang Schnepper und Manfred Claßen) und du willst danach natürlich dein Team auf ein wesentlich höheres technisches Niveau bringen und gleichzeitig die fußballspezifische Ausdauer optimieren.
Dann werden dir die folgenden 10 Profi-Trainingseinheiten dabei den entsprechenden Erfolg liefern.
Die 10 Trainingseinheiten beinhalten nur noch Elemente, die die Grundtechniken, die kognitiven Fähigkeiten und die fußballspezifische Ausdauer auf die höchste Stufe bringen und dein Team wesentlich in Wettspielen verbessern wird.

1. Trainingseinheit

Lege keinen genauen Zeitplan für Trainingsübungen fest. Bei einem hohen Spaßfaktor für die jungen Fußballer wird die Übungszeit verlängert, bei geringer Spielfreude dementsprechend verkürzt. Die Saisonvorbereitung ist vorbei, reine Laufübungen (außer Sprinter ABC) werden nur noch selten in das Training eingebaut.

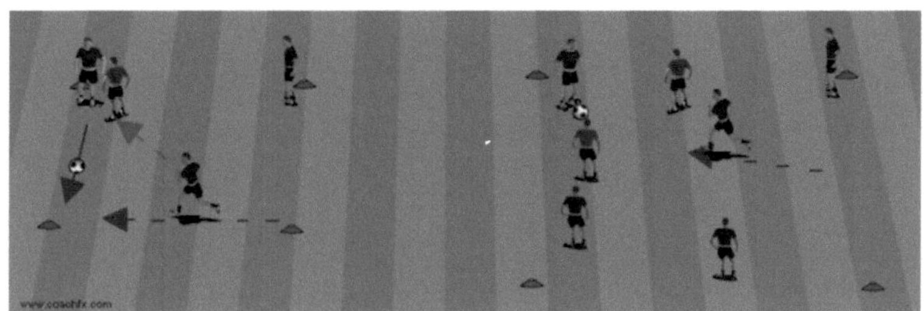

1. Übung

Grundlagenübungen für die ganze Mannschaft sind hier das "3 gegen 1" und das "5 gegen 2". Beim" 5 gegen 2" sollte darauf geachtet werden, dass die Spieler sich nicht nur auf die Ecken des Vierecks beschränken, sondern sich frei in dem Viereck bewegen. Beide Übungen bilden die Grundlage der Dreiecksbildung im Fußball. Diese Dreiecksbildung ist die Grundlage für taktische Abläufe im Spiel. Die beiden Übungen sollten oft bei einem Aufwärmprogramm absolviert werden. Wichtig ist jedoch, dass der Trainer hier immer wieder eingreift und die Übung unterbricht, falls ein Spieler oder mehrere Spieler sich hier nicht korrekt verhalten.

1. Trainingseinheit

2. Übung

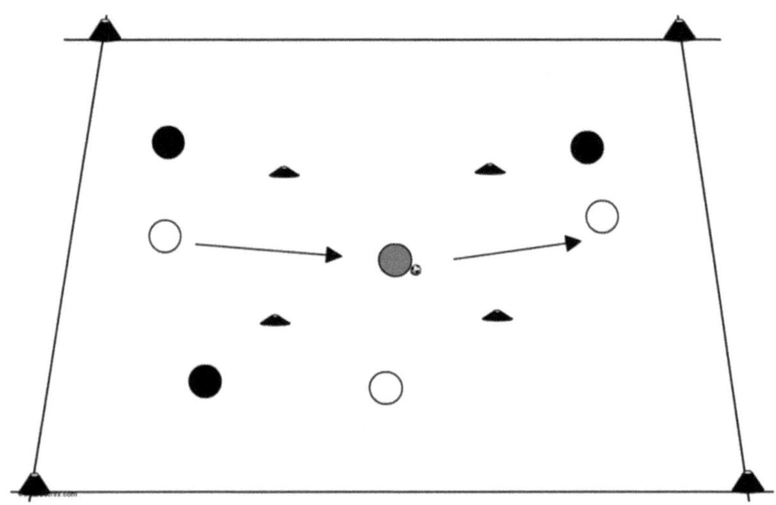

- In einem abgestesteckten Viereck spielen 3 gegen 3 bis 5 gegen 5. Das mittlere kleine Viereck darf nur von einem neutralen Spieler besetzt werden. Spätestens nach dem 3. Pass einer Mannschaft muss der neutrale Spieler angespielt werden (ansonsten wechselt der Ballbesitz), der mit einem Doppelpass sofort agiert.

- Bei der nächsten Variante werden vier Minitore aufgebaut. Sie befinden sich jeweils auf der Mitte einer Seitenlinie. Allerdings darf nur der neutrale Spieler, für eine Mannschaft ein Tor erzielen. Ballkontakte und Pässe dürfen beliebig ausgeführt werden. Wird der neutrale Spieler angespielt, soll dieser mit einem direkten Schuss auf irgendein Minitor einen Treffer für die jeweilige Mannschaft erzielen.

- Jetzt werden zwei neutrale Spieler eingesetzt.

- Die Anzahl der Ballkontakte wird auf drei reduziert.

Diese Übung fördert ein schnelles Agieren, Reagieren und die Spielübersicht.

1. Trainingseinheit

Bei dieser Übung wird natürlich die fußballspezifische Kondition trainiert. Alle Spieler müssen schnell agieren und reagieren, viele Ballkontakte sind für jeden Spieler garantiert. Kein Spieler kann sich "verstecken" und das Selbstbewusstsein wird gesteigert.

- Wir spielen hier ein 2 gegen 2 bis zu einem 5 gegen 5 mit insgesamt vier Minitoren. Das Spiel ist sehr laufintensiv, deswegen wird ein Durchgang auf wenige Minuten begrenzt oder die Spieler werden permanent ausgetauscht. Die Größe des Feldes wird der Anzahl der Spieler angepasst.

- Wir erhöhen den Schwierigkeitsgrad und erlauben nur noch drei bis fünf Ballkontakte pro Ballbesitz.

Bei dieser Übung sollte der Trainer überwiegend auf das "Spiel ohne Ball" achten. Es sollten immer wieder neue Dreiecke gebildet werden.
Die Anspielbarkeit wird durch die Bildung von Dreiecken, verbunden mit einen schnellen "sich lösen" vom Gegenspieler, enorm verbessert.

Freies Abschlussspiel

Das letzte und längste Abschlussspiel folgt ohne technische oder taktische Vorgaben auf normale Torgröße.

2. Trainingseinheit

Torschusstraining

Wenn du mit deinem Team erfolgreich sein willst, brauchst du auch ein Torschusstraining, dass der Situation in einem Wettspiel auch sehr ähnlich ist. Diese Trainingseinheit stellen wir hier vor. Aufgrund des hohen Anteils von Schnelligkeit und Schnellkraft empfehlen wir dieses Training erst ab einer Temperatur von 10 Grad Celsius und einem ordentlichen Aufwärmprogramm, um die Verletzungsgefahr zu reduzieren.

Aufwärmprogramm

1. Die Mannschaft trabt gemeinsam eine Runde um den Sportplatz (am besten mit Trainer oder Trainerin).

2. Die Mannschaft absolviert ein intensives Sprinter ABC (wird an dieser Stelle nicht mehr erklärt, falls unbekannt, siehe zum Beispiel bei "YOUTUBE" oder in einigen meiner älteren Bücher wird dieses ausführlich abgehandelt).

Bei den folgenden Torschussübungen sollen die Verteidiger immer nur teilaktiv sein, damit ein häufiger Torabschluss garantiert wird.

2. Trainingseinheit

1. Torschussübung

Übungsaufbau: (siehe auch Skizze auf der nächsten Seite)
- Ein Hütchen im Bereich des Mittelfeldkreises positionieren.
- An dem Hütchen positionieren sich 3-5 Spieler hintereinander mit Ball.
- 1 Hütchen an der Seitenlinie, ca. 20 Meter von der Mittellinie entfernt.
- An dem Hütchen 3-5 Stürmer und Abwehrspieler hintereinander positionieren.
- 1 Torwart

Übungsablauf:
- Der erste Spieler mit Ball dribbelt ein paar Meter Richtung Tor.
- Gleichzeitig startet der erste Stürmer und der erste Verteidiger Richtung Toraußenlinie.
- Der Stürmer vollzieht entweder einen **Richtungswechsel** oder erwartet einen **Steilpass**.
- Der Spieler mit Ball spielt entweder einen Steilpass oder einen Pass in den Lauf des Stürmers und sprintet durch in den Strafraum.
- Wurde ein Steilpass gespielt, so versucht der Stürmer zu flanken.
- Bei einem Richtungswechsel schließt er selber ab.

Mögliche Laufwege der Außenspieler ohne Ball beim Pass über das zentrale Mittelfeld.

2. Trainingseinheit

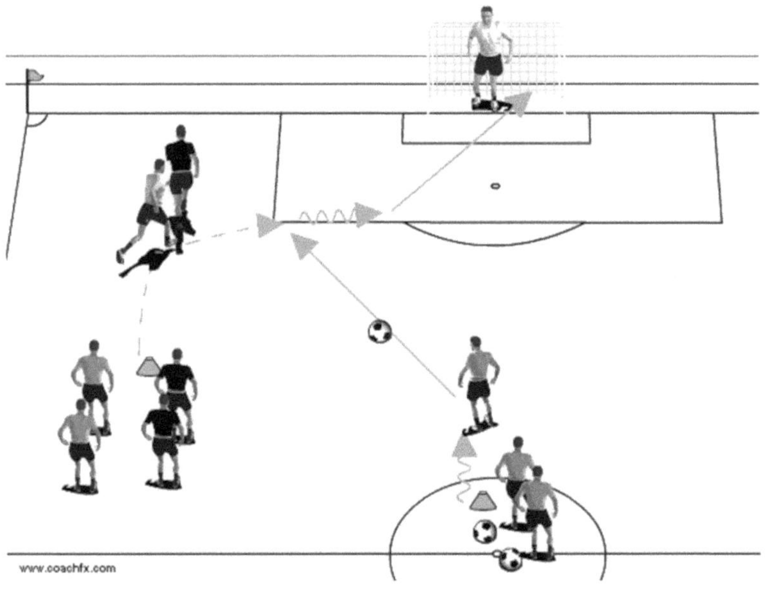

Auch diese Übung sollte von beiden Seiten ausgeführt werden. Der Vorteil des Richtungswechsels liegt darin, dass der Stürmer sich nun zwischen dem Ball und dem Gegner befindet. Dadurch ist er leichter anspielbar, als bei einem Steilpass, bei dem er sich hinter dem Gegner befindet.

2. Trainingseinheit

2. Torschussübung

Nachdem einige Laufwege der Stürmer bei einem Angriff aus dem zentralen Mittelfeld aufgezeigt wurden, wird hier der Angriff über das dezentrale Mittelfeld (über Außen) behandelt.Wir nehmen hier folgende Ausgangssituation an:
Ein Mittelfeldspieler führt den Ball entlang der Seitenlinie in die gegnerische Spielfeldhälfte. Es befinden sich drei Abwehrspieler und 2 Stürmer in der gegnerischen Hälfte. Wir behandeln hier die möglichen Laufwege des ballnahen Stürmers. Alle möglichen Laufwege können mit einem einfachen Übungsaufbau trainiert werden (siehe Grafik). Auch diese Übung sollte von beiden Seiten ausgeführt werden. Wir denken daran, dass die Verteidiger nur teilaktiv sind, damit ein Torschuss erfolgen kann.

Mögliche Laufwege des ballnahen Stürmers

2. Trainingseinheit

3. Torschussübung

Übungsaufbau:

- 3 Hütchen werden ca. 25 Meter vor dem Tor positioniert (siehe Grafik).
- An den beiden zentralen Hütchen stehen jeweils ein Verteidiger und ein Stürmer.
- An dem Außenhütchen steht ein weiterer Verteidiger.
- Die gleiche Spielerkombination steht nochmal an der Torau-ßenlinie.
- In Höhe der Mittellinie steht außen ein weiteres Hütchen hinter dem sich Spieler mit Ball stellen.

2. Trainingseinheit

- Der erste Spieler mit Ball startet ein Dribbling und erwartet eine Aktion des ballnahen Stürmers. Der Außenverteidiger läuft dem ballführenden Spieler entgegen.
- Folgende Aktionen des ballnahen Stürmers sollen hier einstudiert werden:

1. Der ballnahe Stürmer kommt dem Mittelfeldspieler entgegen und spielt einen **Doppelpass** mit diesem. Der Mittelfeldspieler läuft bis zur Toraußenlinie und flankt den Ball in den Strafraum, in welchem der ballnahe Stürmer nach dem Doppelpass sprintet. Die Verteidiger sind bei dieser Übung nur teilaktiv. Im Anschluss tauschen die Spieler an der Toraußenlinie die jeweiligen 3 Positionen.

2. Der erste Spieler mit Ball startet, wie bei 1. ein Dribbling und erwartet eine Aktion des ballnahen Stürmers. Der Außenverteidiger läuft dem ballführenden Spieler entgegen. Der ballnahe Stürmer bietet sich mit einem Sprint **an der Seitenaußenlinie** an und versucht, den Pass als Flanke zu verwerten. Der Mittelfeldspieler sprintet nach seinem Pass in den Strafraum und versucht die Flanke zu verwerten.
Im Anschluss tauschen die Spieler an der Toraußenlinie die jeweiligen 3 Positionen.

2. Trainingseinheit

3. Der erste Spieler mit Ball startet (wie bei 1.) ein Dribbling und erwartet eine Aktion des ballnahen Stürmers. Der Außenverteidiger läuft dem ballführenden Spieler entgegen. Der ballnahe Stürmer sprintet in den Strafraum und erwartet einen Steilpass des ballführenden Spielers. Dieser sprintet nach dem Abspiel in den Strafraum, und versucht, den Pass des Stürmers zu verwerten. Im Anschluss tauschen die Spieler an der Toraußenlinie die jeweiligen 3 Positionen.

Zum Abschluss der Trainingseinheit erfolgt ein freies Abschlussspiel.

3. Trainingseinheit

Perfektion der Grundtechniken

Grundtechniken

Alle Übungen, die hier aufgeführt werden, sollten in einem Stationentraining Anwendung finden (pro Einheit fünf bis zehn der hier geschilderten Übungen). Die Dauer pro Übung beträgt in der Regel drei bis fünf Minuten. Der gesamte Zirkel kann bis zu 60 Minuten in Anspruch nehmen.
Das Stationentraining kann einmal pro Woche eingebaut werden. Die verwendeten Übungen werden regelmäßig gewechselt. Schon nach einigen Wochen hat sich die Balltechnik aller Spieler wesentlich verbessert. Eine Überlegenheit gegenüber anderen Mannschaften wird sich bei gleichzeitig guten konditionellen Fähigkeiten sehr schnell zeigen.

Zum Abschluss des Trainings erfolgt ein freies Abschlussspiel.

3. Trainingseinheit

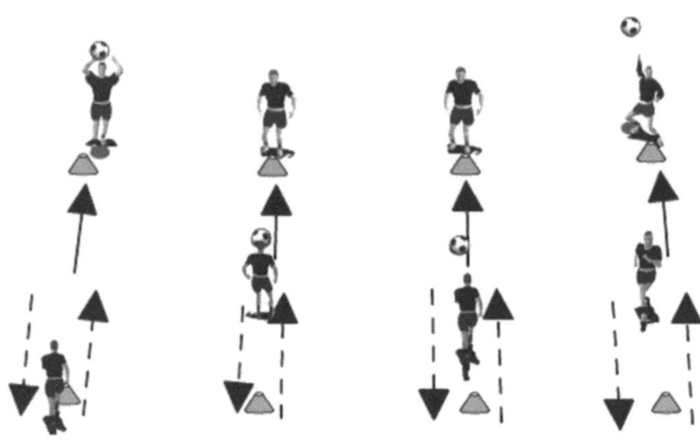

Top-Übung zum Techniktraining

Nahezu jede der hier aufgeführten Schuss- und Kopfballtechniken kann mit dieser Übung trainiert werden.

Übungsaufbau:

2 Hütchen werden im Abstand von 15 bis 20 Metern aufgestellt. Jedes Hütchen wird mit einem Spieler besetzt. Eine Seite mit Ball, die andere ohne Ball.

Übungsablauf:

Der Spieler ohne Ball trabt in Richtung seines Übungspartners, der ihm den Ball z.B. hüfthoch entgegenwirft. (Der Ball sollte so geworfen werden, dass er ca. 5 Meter vor dem Werfenden angenommen oder zurückgespielt werden kann.) Der Spieler ohne Ball spielt den Ball, in unserem Beispiel, direkt mit dem Innenriss zurück. Danach trabt er wieder in Richtung seines Hütchens und wendet an diesem. Jetzt läuft er wieder in Richtung seines Übungspartners und wiederholt die Übung 5-10-mal. Danach werden die Aufgaben getauscht. Hier können viele Techniken geschult werden mit je 5 -10 Wiederholungen (Rückpass mit dem Vollspann, Kopf usw.).

Die gleiche Übung wird nun mit einem regulären Einwurf wiederholt. Der werfende Spieler hat immer mehrere Bälle zur Verfügung, so dass nach einem Fehlpass die Übung nicht unterbrochen werden muss.

Die elementare Grundübung wird immer wieder trainiert, bis alle Spieler diese Basistechnik beherrschen. Hiernach können wir eine komplexere Grundübung einbauen, die auch von allen Kreisligaspielern nach einiger Zeit perfekt durchgeführt werden kann.

Komplexere Grundübung

Es werden Dreiergruppen gebildet und der Schwierigkeitsgrad erhöht. Der erste Spieler wirft ein, der zweite passt direkt auf den dritten Spieler der Gruppe, der wiederum auf ein besetztes Tor zuläuft, und aus etwa 16 Meter Entfernung mit einem Torschuss abschließt (siehe Abbildung nächste Seite). Danach startet die nächste Dreiergruppe. Die Übung wird auch bei ungenauem Passspiel bis zu Ende durchgeführt, und in der Regel nicht in einem Stationentraining eingebaut.

3. Trainingseinheit

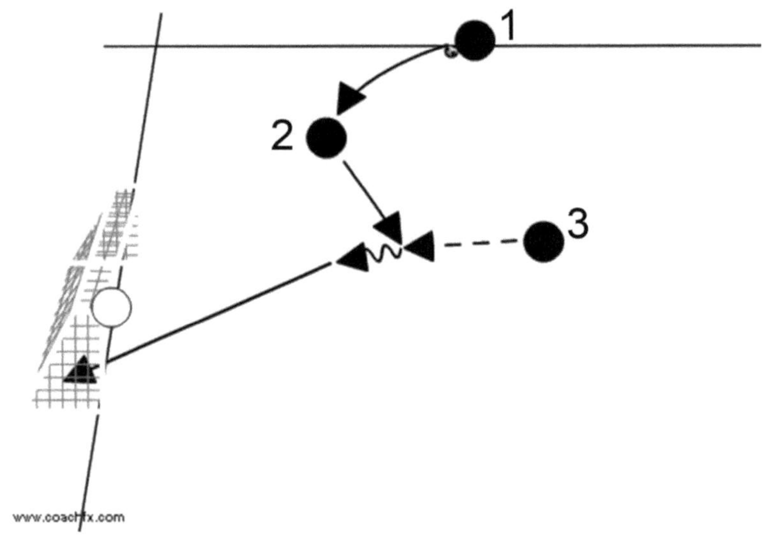

Die vorige Übung wird jetzt leicht verändert. Vor dem Torabschluss wird mit einem „festen“ Zuspieler noch ein Doppelpass gespielt und der direkte Abschluss gesucht.

3. Trainingseinheit

Weitere Basisübung für ein Stationentraining

Die folgenden elementaren Übungen sollten immer wieder ins Training eingebaut werden, um z.B. eine Ballsicherheit im Kurzpassspiel zu garantieren.

Übungsaufbau

Zwei Hütchen werden im Abstand von 15 – 30 Metern aufgestellt. Die Entfernung ist abhängig vom Alter und Leistungsstand. Jedes Hütchen wird mit einem Spieler und Ball besetzt.

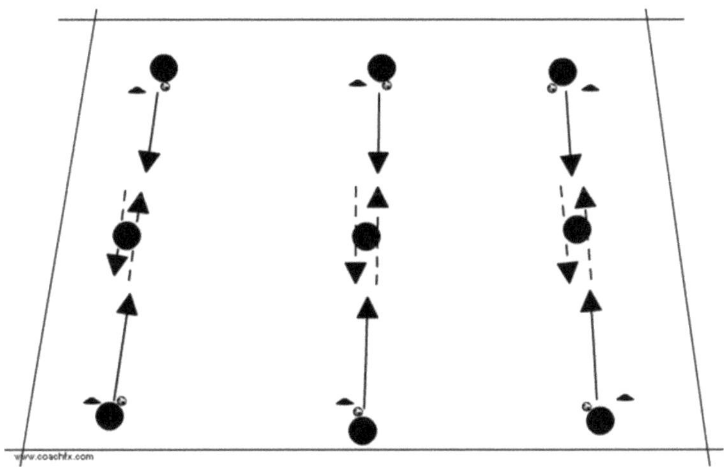

3. Trainingseinheit

1. Übung

Der Spieler ohne Ball trabt von der Mitte in Richtung eines Mitspielers. Dieser spielt ihn flach an, der zentrale Spieler spielt den Ball flach mit der Innenseite direkt zurück, wendet, und läuft dem anderen Mitspieler entgegen. Auch der zweite Mitspieler spielt den Flachpass. Der Rückpass erfolgt wieder direkt mit dem Innenseitstoß, dann folgt wieder die Wendung usw.

Der zentrale Spieler wird häufig gewechselt.

2. Übung

Alle drei Spieler dürfen nur mit dem „schwächeren" Fuß passen.

3. Übung

Es wird abwechselnd mit dem linken und rechten Fuß gespielt.

4. Übung

Der Ball wird jetzt halbhoch von den Außenspielern zugeworfen. Der zentrale Spieler spielt den Ball direkt mit der Innenseite oder dem Vollspann zurück. Auch hier achten wir auf die beidfüßige Schulung.

5. Übung

Der Ball wird nun mit einem Einwurf ins Spiel gebracht und vom zentralen Spieler mit dem Kopf oder Fuß direkt zurückgespielt. Zwei Ballkontakte sind erlaubt, wenn der Ball vorher mit der Brust angenommmen wurde.

3. Trainingseinheit

Stationentraining / Standardsituationen siehe auch 8. Traningseinheit zur genaueren Erklärung speziell von Frestoß, Eckball, Einwurf und Elfmeter)

Der folgende Hauptteil des Trainings sollte im Laufe der Saison mehrmals eingebaut werden. Es werden hier an drei Stationen die Standardsituationen (Eckball, Elfmeter und Freistöße) trainiert. Dieses Zirkeltraining kann über 40 – 60 Minuten angesetzt werden.

Über Standardsituationen können Sie Spiele in der Kreisliga und Jugend leicht für sich entscheiden. Bedenken Sie, der gegnerische Torwart befindet sich nicht auf Bundesliga-Niveau.

Mit einem gut trainierten Schützen können Sie jedes Spiel entscheiden. Aber die Standardsituationen müssen regelmäßig trainiert werden.

1.Station: Elfmeterschießen

Hier werden mindestens vier Fußballer eingesetzt. Bei einem verschossenen Elfmeter tauschen Torwart und Schütze ihre Positionen. Erst erfolgt ein „freies“ Elfmeterschießen, dann mit Vorgaben, wie „links unten“, „rechts oben“, verzögerter Anlauf oder Schießen mit dem „schwachen“ Fuß.

2. Station: Eckball

Jetzt benötigen wir mindestens drei Angreifer, zwei Verteidiger und einen Torwart (vier bis fünf Angreifer und drei bis fünf Verteidiger wären allerdings ideal). Es empfiehlt sich hier, den Stammtorwart auf seiner eigentlichen Position einzusetzen.

3. Trainingseinheit

Trainiert werden alle möglichen Varianten einer Ecke. Haben die Abwehrspieler den Ball abgewehrt, die Stürmer verwandelt oder ins „Aus“ geschossen, bzw. der Torwart gehalten, wird der nächste Eckball ausgeführt.

3. Station: Freistoßvarianten

Hier gilt: Je mehr Spieler ich zur Verfügung habe, desto mehr Freistoßvarianten können trainiert werden. Der zweite Stammtorwart wird hier im Tor eingesetzt.

3. Trainingseinheit

Elementare Konterübung

Und hier eine weitere elementare Technikübung , die ideal in ein Stationentraining eingebaut werden kann. Trainieren Sie diese Konterübung, bis jeder Spieler diese nahezu perfekt einsetzen kann.

Diese Übung kann bereits ab der D-Jugend trainiert werden. Im Idealfall können zwei Mitspieler mit diesem Verhalten eine gesamte Hintermannschaft ausschalten.

Ein Fußballer dribbelt auf einen Mitspieler zu, etwa 20 Meter vor ihm spielt er einen genauen Flachpass. Der Mitspieler steht frontal zum Passgeber, läuft dem Pass entgegen, spielt direkt zurück, dreht sich blitzschnell um 180 Grad und läuft in die entgegengesetzte Richtung (im Idealfall in vollem Sprint). Der ursprüngliche Passgeber spielt nun einen gefühlvollen Vollspannstoß, ebenfalls direkt über den sich entfernenden Mitspieler in den Lauf.
Diese Übung hört sich für Einige vielleicht sehr einfach an, ist aber in der Praxis sehr schwierig umzusetzen und erfordert in den Jugendklassen und unteren Amateurklassen sehr viel Geduld.
Die Übung wird anfangs langsam durchgeführt und häufig wiederholt. Die Ausführung dieser Übung empfiehlt sich auf Rasen oder Kunstrasen, da der Ball hier „tiefer getroffen wird“ und bei einem Scheitern des Vollspannstoßes der Ball weniger weit rollt.

3. Trainingseinheit

In der Praxis muss dieser Pass natürlich nicht immer mit dem Vollspannstoß geschlagen werden. Es gibt viele Spieler, die diese Situation besser mit einem Innenspann- oder Innenseitstoß lösen können (wobei der Innenseitstoß auf einem Aschenplatz hier sehr schwierig anzuwenden ist, zumindest in Bezug auf die Höhe der Flugbahn des Balles).
Je sicherer diese Grundübung durchgeführt werden kann, desto mehr können die Geschwindigkeit und die Entfernungen gesteigert werden.

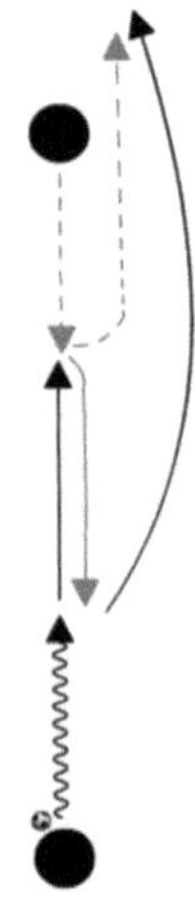

Jetzt wird die gleiche Übung durchgeführt, allerdings mit einem Torabschluss. Nach dem gefühlvollen Pass über den sich entfernenden Mitspieler in den Lauf, nimmt dieser den Ball an und schießt aus 17 – 20 Meter Entfernung auf das besetzte Tor.
Der Torabschluss erfolgt auch, wenn der Pass ungenau war.

3. Trainingseinheit

Der Mitspieler soll jetzt den Pass so schnell wie möglich erlaufen und den Torabschluss suchen.

Die vorige Übung wird wiederholt, aber der Schwierigkeitsgrad weiter erhöht.
Ein Spieler dribbelt wieder auf einen Mitspieler zu, etwa 20 Meter vor ihm spielt er einen genauen Flachpass. Der Mitspieler steht frontal zum Passgeber, läuft dem Pass entgegen, gefolgt von einem Gegenspieler, der nur „teilaktiv" eingreift. Der Passempfänger spielt unter der leichten Bedrängnis den Ball wieder direkt zurück, dreht sich blitzschnell um 180 Grad und läuft mit höchster Geschwindigkeit in die entgegengesetzte Richtung auf das Tor zu. Der ursprüngliche Passgeber spielt nun den gefühlvollen Pass über den sich entfernenden Mitspieler in den Lauf. Dieser schließt wieder mit einem Torschuss ab.

- Bei der letzten Steigerung dieser Übungsreihe muss der Mitspieler nicht nur den Torabschluss suchen, sondern vorher einen weiteren Gegenspieler ausspielen, der etwa 20 – 25 Meter vor dem Tor postiert ist. Der Rest wird wie bei der vorigen Übung durchgeführt.

Bei diesen Übungen empfiehlt es sich, die Gegenspieler mit „festen Positionen" zu belegen. Die jeweiligen Entfernungen für die Pässe und Torschüsse, sowie der Schwierigkeitsgrad der Übung, werden der Leistungsstärke und der Schusskraft angepasst.

3. Trainingseinheit

Statisches Passspiel

Mit den folgenden Übungen soll die Sicherheit einfacher Pässe auch in der Kreisliga absolut perfektioniert werden.
Die Spieler passen sich den Ball abwechselnd mit der linken und rechten Innenseite zu. Der Ball wird zuerst gestoppt und dann direkt gespielt, wobei er durch zwei Hütchen gepasst werden soll. Die Entfernung ist abhängig vom Trainingszustand.

Statische Weitpässe

Die Zweiergruppen werden beibehalten. Es werden nun hohe Pässe geschlagen, die der Partner möglichst geschickt annehmen soll, bevor der Ball den Boden berührt. Nach der sicheren Ballannahme erfolgt der hohe Ball zurück zum Partner usw. (die Spieler wählen hierbei den höchstmöglichen Abstand zueinander).

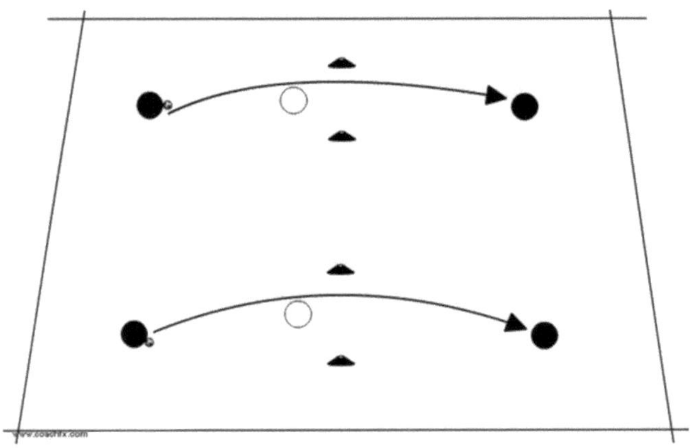

3. Trainingseinheit

Bei der folgenden Übung wird der Schwierigkeitsgrad erhöht. In der Mitte der Zweiergruppe wird ein Gegenspieler positioniert, der versuchen soll, den Pass abzufangen. Er darf sich dabei nur im mittleren Drittel des Passbereiches befinden, also die Gegenspieler nicht direkt attackieren. Fängt er den Ball ab, werden die Positionen mit dem vorhergehenden Passgeber getauscht.

3. Trainingseinheit

Weitere elementare Technikübungen für ein Stationentraining

Es wird wieder auf die „beidfüßige“ Ausbildung geachtet.

° 2 – 4 Spieler stehen 10 – 30 Meter (je nach Trainingszustand und Spielstärke) zueinander. Der Ballbesitzer spielt den Ball in irgendeiner Form einem Partner zu, der den Ball annimmt und danach weiterspielt.
Das Passen erfolgt je nach Aufgabenstellung mit Innenseitstoß, Innenspannstoß, Vollspannstoß, oder Außenspannstoß.

° Die Spieler stehen sich in zwei Gruppen hintereinander gegenüber, der Abstand beträgt wieder 10 – 30 Meter. Der Spieler mit Ball passt zum Gegenüber, läuft zügig auf die andere Seite und stellt sich hinten wieder an.
Der nächste Ballbesitzer nimmt den Ball an und passt wieder usw. Danach wird über eine kürzere Entfernung der Ball direkt gespielt.

° 3 – 5 Spieler stehen im kurzen Abstand zueinander und spielen sich den Ball hoch zu, der angenommene Ball kann hoch und direkt weitergespielt werden oder wird ein bis mehrere Male hochgehalten.

° Die Spieler stehen 5 – 15 Meter hintereinander vor dem Tor, einer wirft den Ball seitlich halbhoch vor die Spieler, die dann mit einem Hüftdrehstoß auf das Tor schießen sollen. Der Spieler, der geschossen hat, stellt sich hinten an. Später wird der Wurfabstand vergrößert oder das Werfen erfolgt mit einem Einwurf.
Weitere Steigerungsformen sind das Anspiel über eine Flanke, „kurze Ecke oder den Eckstoß.

4. Trainingseinheit

Erhöhung der fußballspezifischen kognitiven Fähigkeiten

Durch ein spezielles kognitives Training werden die Konzentration und die Geschwindigkeit im Wettspiel von Handlungen und Entscheidungen von Spielern oder Spielerinnen wesentlich erhöht.
Hier setzen wir Übungen ein, bei denen die Fußballer auf mehrere Dinge gleichzeitig achten müssen. So wird es ihnen im Spiel auch leichter fallen, zum Beispiel den Ball zu führen und trotzdem die Übersicht nicht zu verlieren oder den Vorteil eines Doppelpasses schneller zu erkennen.
Die Übungen können in ein Stationentraining eingebaut werden. Ich mache Ihnen hier einige Übungsvorschläge, Sie können aber auch eigene Übungen einbauen, die ihrer Kreativität entsprungen sind. Am Ende des kognitiven Trainings sollte ein freies Trainingsspiel folgen.

a) Zwei Spieler passen sich den Ball direkt zu und sollen dabei die Zahlen in 2er-Schritten vorwärts zählen.
b) Jetzt sollen die Spieler in 2er-, 3er oder 4er Schritten rückwärts zählen.
c) Die zwei Fußballer sollen beim direkten Passen die Primzahlen chronologisch ab "2" aufzählen (Übung für "Intelligenzbestien).
d) Ein Spieler steht in der Mitte, vor und hinter ihm steht jeweils ein Spieler mit einem Abstand von 10 Metern.
Der erste Außenspieler passt den Balll zur Mitte, der Spieler in der Mitte passt den Ball sofort zurück und dreht sich sofort um 180 Grad.

4. Trainingseinheit

Jetzt wirft der andere Außenspieler den Ball hoch zu und der Spieler in der Mitte köpft den Ball zurück und dreht sich erneut um 180 Grad usw.
Nach etwa einer Minute werden die Aufgaben getauscht. Es empfiehlt sich, mehrere Bälle für die Außenspieler bereitzustellen, falls es zu Fehlpässen kommt. Unnötige Pausen können so vermieden werden.

e) Zwei Spieler passen sich den Ball direkt zu. Beim Passen gibt der Passgeber an, wie der Pass zurückgespielt werden soll, mit Vollspann. Innenseitstoß oder Außenspann.

f) Die vorige Übung wird wiederholt, aber jetzt soll jeder mit seinem "schwachen" Fuß passen.

g) Jetzt muss abwechselnd mit dem linken oder rechten Fuß gespielt werden.

b) Alle Spieler (6 bis 12) stehen in einem Viereck oder Kreis, die Entfernung zum Spieler direkt gegenüber beträgt dabei 10 bis 15 Meter. Beginnen wir mit einer leichten Variante. Es ist nur ein Ball im Spiel, und die Spieler sollen sich nur den Ball relativ zügig und ohne bestimmter Reihenfolge zuspielen.

Wir erhöhen den Schwierigkeitsgrad. Beim Zuspiel muss zuvor der Name des Passempfängers vom Passspieler laut gesagt werden.

Jetzt wird die erste Übung mit zwei Bällen gleichzeitig wiederholt.

4. Trainingseinheit

Die letzte Variante ist mit einem sehr hohen Schwierigkeitsgrad verbunden. Die vorige Übung wird wiederholt, aber diesmal befindet sich noch ein Gegenspieler in dem Kreis oder dem Viereck. Dieser hat die Aufgabe einen Ball zu erobern oder nur zu berühren. Bei Erfolg tauscht er die Rolle mit dem Passgeber. Der Gegenspieler kann natürlich auch in allen vorangegangenen Übungen eingesetzt werden.

f) Bei einem Torschusstraining sollen die Spieler kurz vor dem Torschuss angeben mit welcher Schusstechnik sie abschließen, also Innenseitstoß, Vollspannstoß usw.

g) Jetzt sollen sie angeben, wo genau der Ball im Tor einschlagen soll.

h) Der Fuß mit dem geschossen werden soll, wird kurz vor dem Torschuss genannt.

I) Beim höchsten Schwierigkeitsgrad geben die Spieler zwei oder sogar drei der vorher genannten Aufgaben vor dem Torschuss an.

j) Es werden Dribbel- und Slalomparcours in Wettkampfform zweier Mannschaften absolviert.
Beim zweiten Durchgang wird der Ball aber nicht nur geführt, sondern ein zweiter Ball muss gleichzeitig mit den Händen rund um den Hüftbereich gekreist werden.

4. Trainingseinheit

Übersicht

Zu den fußballspezifischen kognitiven Fähigkeiten gehört natürlich auch die Übersicht und das Spielverständnis. Auch dies lässt sich zum Beispiel durch die folgenden Übungen trainieren:

Hier stellen wir eine Übung zur Förderung der lokalen Übersicht und zum Ausdauertraining mit und ohne Ball im Wechsel vor. Diese Übung ist für 8 Spieler gedacht und erlaubt, viele verschiedene Arten des Dribblings zu üben.
Dadurch, dass sich 4 Laufwege kreuzen, wird die Übersicht der Spieler gefördert.

Übungsaufbau: Es wird ein Quadrat mit Stangen abgesteckt. Die Seitenlänge beträgt ca. 20 Meter. Innerhalb des Quadrats wird ein weiteres Quadrat mit Pylonen aufgebaut.

4. Trainingseinheit

Die Stangen werden mit jeweils 2 Spielern besetzt.
Pro Gruppe 2 Bälle.

Übungsablauf: Die Spieler sind bereits aufgewärmt.
Der jeweils 1. Spieler jeder Gruppe startet zum entferntesten Hütchen und wieder zurück. Von dort aus zur nächsten Stange (siehe Grafik).
Der 2. Spieler startet nachdem der 1. angekommen ist.

Dies wird solange wiederholt, bis jeder Spieler an seiner Ausgangsposition angekommen ist.
Als nächstes wird der Ball z.B. mit dem Außenrist geführt usw. (Hier können alle möglichen Dribblings eingesetzt werden).

Variationen:
Die Spieler führen den Ball nicht zum entferntesten Hütchen, sondern zum nahe gelegensten Hütchen.
Das Ganze wird als Wettkampf durchgeführt. (Hierbei laufen die Spieler jedoch nicht zur nächsten Stange).

4. Trainingseinheit

Dribbeln im Viereck

Es folgt eine weitere Übung mit der die Übersicht erhöht werden kann, fangen wir mit einer leichten Variante an. Ein Feld wird abgesteckt und dabei der Spieleranzahl angepasst. In diesem Feld bekommt jeder einen Ball. Dieser soll geführt werden, ohne dass ein Mitspieler dabei behindert oder von einem anderen Ball berührt wird. Die Ausführung bestimmter Finten wird in diesem Aufwärmprogramm eingebaut. Diese Übung wird etwa nur zwei Minuten praktiziert, da sonst schnell Langeweile auftritt.

4. Trainingseinheit

Variante: Nach dieser kurzen Übung kommen wir zur eigentlichen Trainingsform. An jeder Seitenlinie steht jeweils ein Spieler, der als Anspielstation für die Spieler im Feld mit Ball dient. Die vier Außenspieler stehen dabei jeweils fünf Meter hinter der Seitenlinie, und wie erwähnt zentral.
Im Feld dribbelt wieder jeder Spieler mit Ball. Der Trainer oder die Trainerin ruft nun den Vornamen eines ballführenden Spielers. Dieser soll nun so schnell wie möglch den Ball in diesem "Durcheinander" zu einem Außenspieler passen. Jener wiederum passt so schnell wie möglich zu seinem Passgeber zurück. Mit der Zeit werden die Vornamen der zentralen Spieler immer schneller aufgerufen.
Die letzte Steigerung besteht darin, dass die äußeren Anspielstationen mit einem Doppelpass zum ursprünglichen Passgeber erwidern müssen.

4. Trainingseinheit

3 gegen 3 mit einer festen Anspielstation

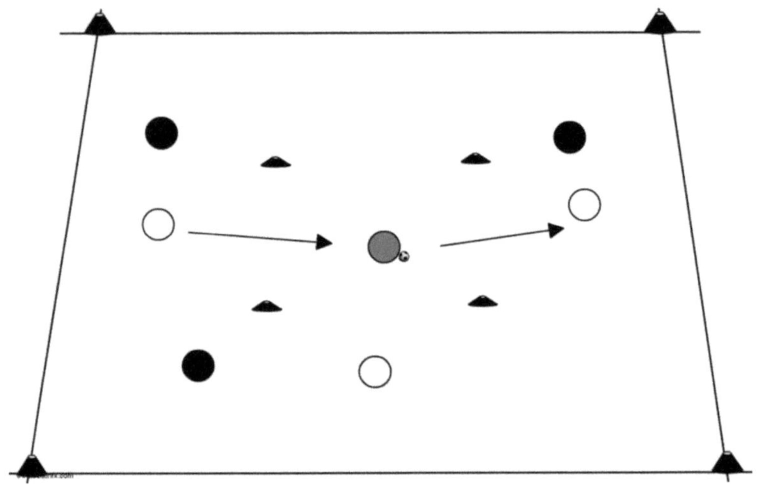

Übungsaufbau und Übungsablauf: Im abgesteckten Viereck spielen 3 gegen 3. Das mittlere kleine markierte Viereck darf nur vom neutralen Spieler betreten werden. Bei jedem 3. bis 5. Pass muss der neutrale Spieler angespielt werden. Pässe durch das mittlere Viereck sind nicht erlaubt, wenn der neutrale Spieler nicht angespielt wird. Zuerst 3 Ballkontakte, dann 2 und 1.

5. Trainingseinheit

Training der fußballspezifischen Kondtioen

1. Ausführliches Einleitungsprogramm mit dem Sprinter ABC und / oder der Koordinationsleiter

2.Trainingsform der fußballspezifischen Ausdauer mit Ball

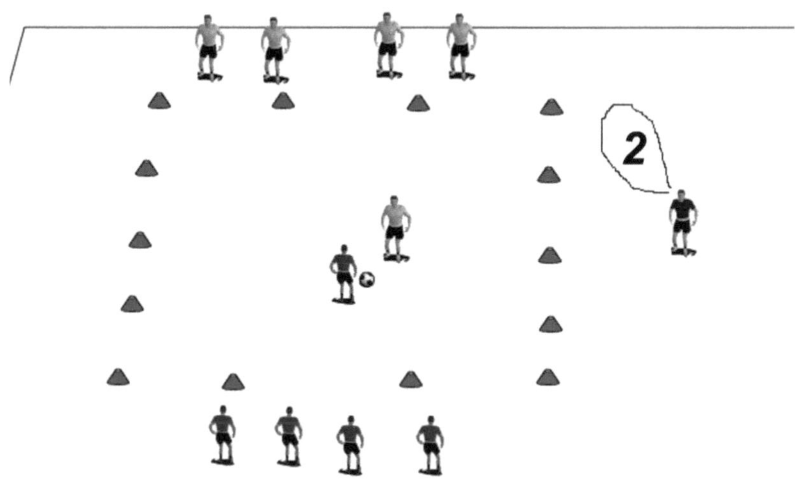

5. Trainingseinheit

Es werden zwei Mannschaften mit 4 – 6 Spielern eingeteilt. Diese werden chronologisch durchnummeriert. Die Spielfläche beträgt etwa 30 x 30 Meter.

Nur die Spieler mit der Nummer 1 gehen ins Feld. Sie spielen jetzt „eins gegen eins" über einen Zeitraum von 30 Sekunden bei Jugendlichen und bis zu 60 Sekunden bei gut trainierten Erwachsenen. Nach der Zeit ruft der Trainer die Spieler mit der Nummer 2 auf. Jetzt wird 30 – 60 Sekunden zwei gegen zwei gespielt. Die einzige Aufgabe der Spieler ist Ballhaltung. So geht es immer weiter bis alle Spieler im Feld sind. Danach geht das ganze rückwärts, die Spieler mit der Nummer 1 werden zuerst „ausgerufen" und zum Schluss die Spieler mit der höchsten Nummer.

Eine Variante ist es, die Spieler die zuletzt reinkamen, als erste wieder rauszunehmen. Damit wären die Spieler mit der Nummer 1 die ganze Zeit auf dem Feld, was eine sehr hohe Belastung bedeutet. Hier könnten Spieler ausgesucht werden, die etwas „lauffaul" sind.

5. Trainingseinheit

3. Miniaturfußball

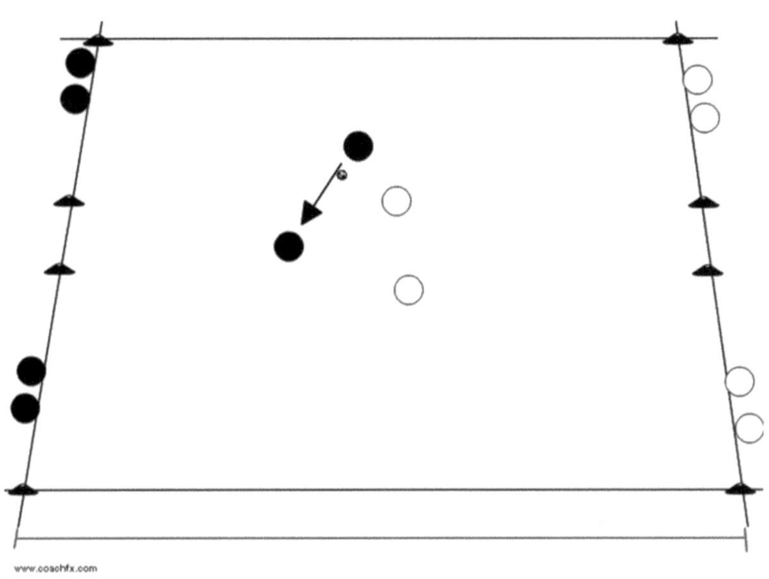

Zwei gleichgroße Mannschaften werden gewählt. Die Mannschaften werden in Pärchen eingeteilt und jedes Paar bekommt eine Nummer. Nur wenn in jeder Mannschaft ein einzelner Spieler übrig bleibt, wird mit Torwart gespielt. Bleibt nur in einer Mannschaft ein Spieler übrig, wird hier eine Dreiergruppe gebildet, die ganz normal nummeriert ist.
Wird mit Torwart gespielt, ist das Tor normal groß (5 x 2 Meter), ansonsten wird auf ein kleineres Tor oder Hütchen gespielt, die etwa 2 Meter auseinander stehen. Das Spielfeld ist ca. 25 x 25 Meter groß.

5. Trainingseinheit

Gespielt wird mit Einwurf, Ecke usw., der Anstoß entfällt, der Ball darf nach einem Tor von der Toraußenlinie ins Feld gedribbelt oder geschossen werden.
Am Anfang befinden sich jeweils die Pärchen mit der Nummer „1“ auf dem Spielfeld und spielen gegeneinander. Die anderen Zweiergruppen befinden sich hinter der Grundlinie ihres eigenen Tores.
Nach etwa einer Minute ruft der Trainer oder die Trainerin z.B. „2 rein“. Jetzt laufen die jeweiligen Pärchen jeder Mannschaft ins Feld und es wird 4 gegen 4 gespielt.
Nach einer weiteren Minute wird das dritte Pärchen „reingerufen“ usw.
Im gleichen Verfahren werden auch die jeweiligen Zweiergruppen wieder aus dem Spiel bestellt. Es befinden sich also mal, nur eine Zweiergruppe oder auch alle Zweiergruppen auf dem Feld. Auch können gleichzeitig mehrere Gruppen ins oder aus dem Feld beordert werden.
Natürlich gewinnt die Mannschaft, die zum Schluss die meisten Tore geschossen hat.

Zum Abschluss der Trainingseinheit erfolgt ein freies Abschlussspiel.

6. Trainingseinheit

Erhöhung der fußballspezifischen kognitiven Fähigkeiten

Die Mannschaft absolviert zunächst ein intensives Sprinter ABC (wird an dieser Stelle nicht mehr erklärt, falls unbekannt, siehe zum Beispiel bei "YOUTUBE" oder in einigen meiner älteren Bücher wird dieses ausführlich abgehandelt).

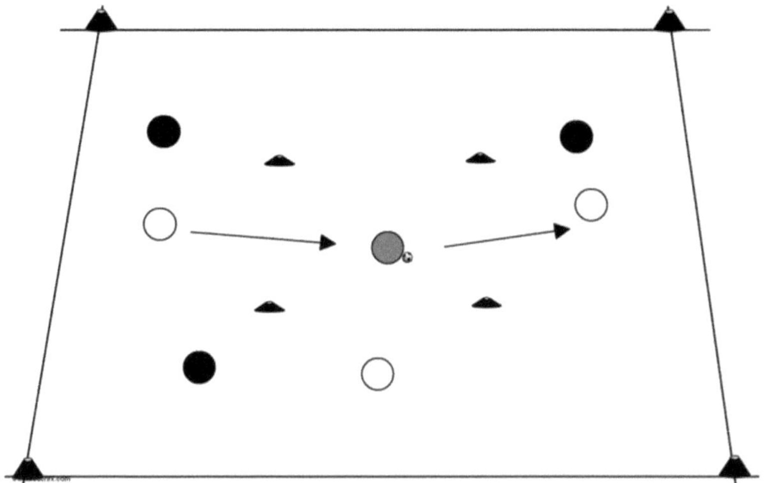

Die obere Skizze verdeutlicht die letzte und schwerste Übung in Bezug auf die kognitiven Fähigkeiten, bildet aber auch die Grundlage der vorhergehenden Übungen ab.
Die Übungen können auch mit steigendem Schwierigkeitsgrad in einem Stationentraining verwendet werden.

1. Übung: Der kognitiv aktive Spieler steht in einem mit flachen Pylonen abgesteckten Quadrat. Das Quadrat hat eine Größe von 4 x 3m bis 4 x 4m. Zentral vor diesem Spieler steht ein weiterer Spieler außerhalb des Quadrates.

6. Trainingseinheit

Die Entfernung beträgt zueinander etwa 10 bis 15 Meter. Der Spieler außerhalb des Quadrates ist in Ballbesitz.
Er spielt zunächst seinem Mitspieler den Ball zu und ruft gleichzeitig entweder "direkt" oder "indirekt". Ruft er "direkt" soll der Spieler ihn auch direkt zurückspielen. Ruft er "indirekt" soll er den Ball mit dem linken Fuß stoppen, dabei gleichzeitig auf den rechten Fuß vorlegen und dann zurückpassen oder das ganze umgekehrt (eine Steigerung wäre hier direkt und indirekt mit 1 und 2 auszutauschen).
Die Übung wird relativ oft, natürlich auch mit Rollentausch, durchgeführt.

2. Übung: Bei dieser Übung bleiben die Kommandos gleich, aber der Ball wird nun aus einer relativ kurzen Entfernung weniger als halbhoch zugeworfen.
Bei dem Kommando "direkt" oder "1 " wird der volley mit der Innenseite oder dem Vollspann zurückgespielt, bei "indirekt" oder "2" wird der Ball mit einem Fuß angenommen (bleibt aber in der Luft) und mit dem anderen Fuß zurückgespielt usw.

3. Übung: Jetzt kommen wir zu den flachen Pylonen. Sie haben unterschiedliche Farben wie z.B. Grün, Rot, Blau und Gelb. Die Startposition ist nun wie in der ersten Übung gegeben. Der Mitspieler spielt den Ball nun wieder dem Spieler im Quadrat den Ball zu und ruft gleichzeitig eine Farbe auf. Ruft er die Farbe "Gelb", soll der Spieler zu dem Markierungshütchen Gelb eilen, dieses mit der Hand berühren, zur Mitte das Quadrates zurückkehren und den Ball dann direkt zurückspielen usw.

6. Trainingseinheit

4. Übung: Es folgt die gleiche Übung mit dem Aufruf der Farbe. Nun soll der aktive Spieler aber den Ball zuerst annehmen, eine 360 Grad Drehung mit dem Ball um das Hütchen absolvieren und dann den Ball zurückpassen.

5. Übung: Jetzt kommt die letzte Steigerung. Sie kann für alle vorhergehenden Übungen eingesetzt werden. Nun stehen vier Spieler außerhalb des Quadrates (an jeder Seite einer mit jeweils einem Ball).
Nachdem der Spieler im Quadrat den Ball eines Spielers zurückgepasst hat, dreht er sich um 90 Grad im Uhrzeigersinn zum nächsten Spieler. Ein weiterer Schwierigkeitsgrad wäre, wenn der Trainer oder die Trainerin die Drehung des kognitiv aktiven Spieler vorgeben würde (90 Grad, 180 Grad, 270 Grad oder 360 Grad und dann vielleicht auch noch mit oder gegen Uhrzeigersinn). Probier es aus wie weit die Nachwuchsfußballer mit der Zeit den Schwierigkeitsgrad erhöhen können. Je schneller die Fußballer agieren und reagieren, desto überlegener sind sie der gegnerischen Mannschaft im Zweikampf und Kurzpassspiel.
Wir denken bei diesen Übungen an den Rollentausch. Auf der Abbildung sind auch noch Spieler in Form von schwarzen Punkten abgebildet. Diese können hier erst mal passiv eingesetzt werden, nehmen aber am Rollentausch teil oder wechseln ständig mit einem Spieler außerhalb des Quadrates, der gerade einen Pass gespielt hat.

Nach diesem anspruchsvollen kognitiven Training solllte ein freies Abschlussspiel erfolgen.

7. Trainingseinheit

Training der fußballspezifischen Kondtion

1. Ausführliches Einleitungsprogramm mit dem Sprinter ABC und / oder der Koordinationsleiter

1. Übung: Schnelles Eckball / Umschaltspiel

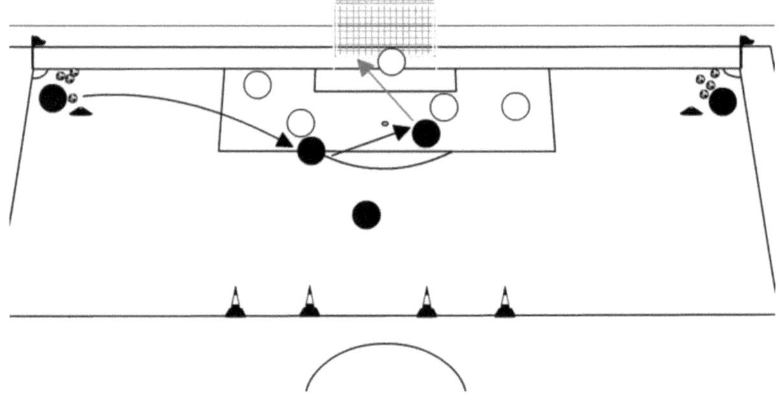

Bei dieser Übung wird z.B. 5 gegen 3 auf ein großes und zwei kleine Tore gespielt. Die Mannschaft mit fünf Spielern spielt auf das große Tor, allerdings geben zwei Spieler davon nur die Ecken abwechselnd von links oder rechts rein. Hier kann dann gleichzeitig auch der Eckball optimal trainiert werden.

7. Trainingseinheit

Mit der Hereingabe des Eckballes beginnt der normale Spielverlauf. Beide Mannschaften sollen nun ein Tor erzielen. Geht der Ball ins Aus oder ins Tor wird ein neuer Eckball ausgeführt. Durch einen ständigen Rollentausch kann das Spiel ruhig bis zu 20 Minuten dauern.

2. Übung: Überzahl / Unterzahl

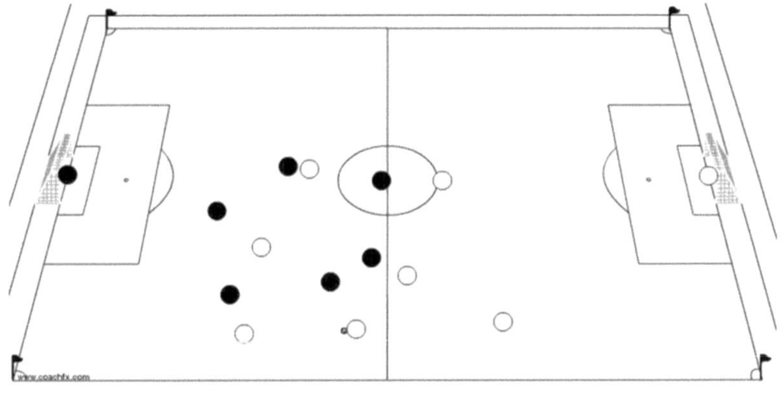

Wir spielen zum Beispiel 8 gegen 5 oder sogar 9 gegen 5 (nicht wie hier abgebildet ein 8 gegen 7) auf einem relativ kleinen Spielfeld. Das Spiel kann auf "normale" Tore oder Minitore gespielt werden. Die Mannschaft in der großen Überzahl spielt lediglich mit drei Ballkontakten, die andere

7. Trainingseinheit

Mannschaft spielt ohne Kontaktbeschränkungen in Bezug auf den Ball. Auch bei dieser Übung wird auf den Rollentausch geachtet.

Nach dieser Übung erfolgt ein Abschlussspiel auf vier Minitore

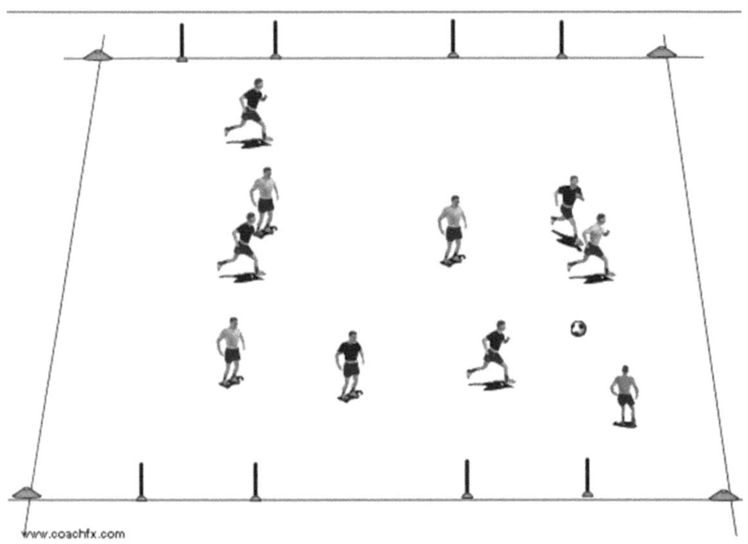

8. Trainingseinheit

Standardsituationen

Viele Tore werden über Standardsituationen erzielt. Werden diese im Training nicht regelmäßig trainiert, ist die Wahrscheinlichkeit sehr gering, dass im Wettspiel über eine Standardsituation ein Tor geschossen wird.
Werden die Standardsituationen im Training über ein Stationentraining absolviert, ist die Effizienz am höchsten. Hier stellen wir ein solches Training vor. An jeder Station erfolgt regelmäßig ein Aufgabenwechsel.

Einleitungsübung / Aufwärmübung

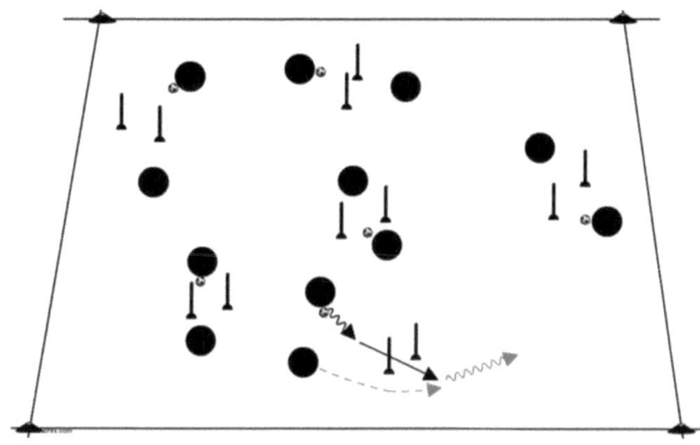

Übungsaufbau: Es wird ein großes Viereck abgesteckt. In diesem Feld stehen mehrmals zwei Pylonen mit einem Abstand von etwa einem Meter nebeneinander. Die Größe des Feldes und die Anzahl der Pylonenpaare wird der Spieleranzahl angepasst.

8. Trainingseinheit

Übungsablauf: Es werden Zweiergruppen mit jeweils einem Ball gebildet. Der ballführende Spieler dribbelt durch das Feld und darf nur durch ein Pylonenpaar zu seinem Partner abspielen. Ein Abspiel soll immer relativ schnell erfolgen.

Freistoßvarianten (erste Station)

Hier gilt: Je mehr Spieler ich zur Verfügung habe, desto mehr Freistoßvarianten können trainiert werden und umso mehr Stationen können gleichzeitig besetzt werden. Ist die Spieleranzahl relativ gering, werden die Spieler pro Station reduziert.

Wir behandeln hier Freistoßvarianten nahe dem Strafraum. Arbeiten mehrere Spieler zusammen, müssen alle Stationen „blind" funktionieren, d.h. niemand darf während der Durchführung schlafen oder seinen Einsatz verpassen.
Grundsätzlich gilt: Bei allen Freistößen haben die Stürmer die Aufgabe, dem Ball nachzulaufen, um eine evtl. Unsicherheit des Torhüters zum Torerfolg zu nutzen („Abstauber"). Dieses Stürmerverhalten sollte bei allen nachfolgenden Übungen integriert werden!
Im Folgenden werden 4 taktische Freistöße skizziert. Hier gibt es natürlich wesentlich mehr taktische Möglichkeiten. Der Kreativität der Spieler und des Trainers sind hier keine Grenzen gesetzt.
Aber trainieren Sie den Freistoß, hier können Spiele entschieden werden. Vor allem wenn ein hervorragender Schusstechniker in der Mannschaft ist.

8. Trainingseinheit

1. Direkter oder indirekter Freistoß indirekt ausgeführt.

Um hier keinen Kunstschuss anzusetzen, wird die Mauer mit einem Querpass ausgehebelt.

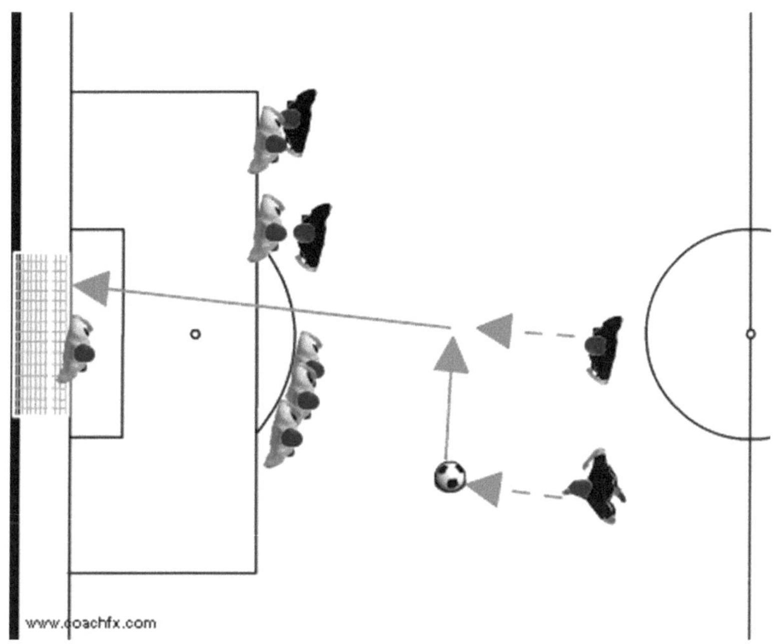

8. Trainingseinheit

2. Ein in ungefährlicher Position stehender Mitspieler sprintet außen an der Mauer vorbei und wird flach angespielt. Er verwertet das Anspiel als Torschuss oder Flanke.

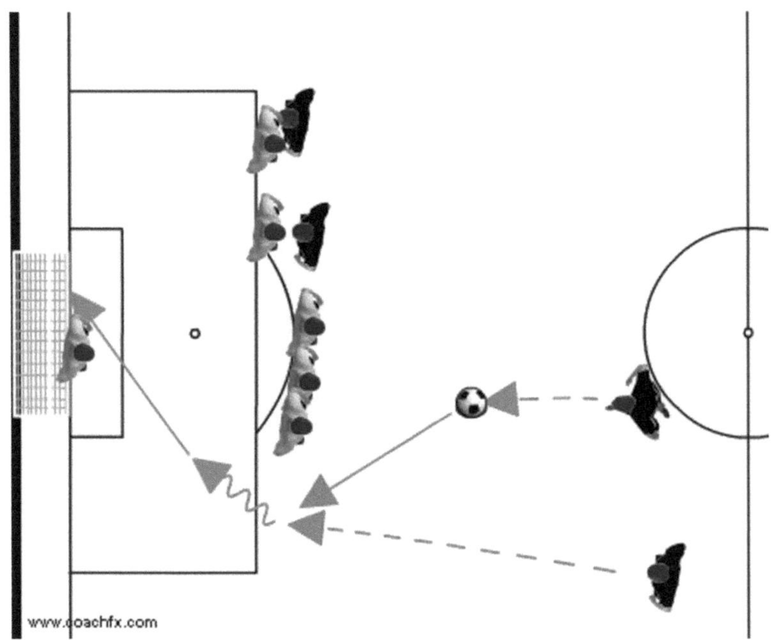

3. Ein Mitspieler stellt sich seitlich an das innere Ende der Mauer. Er hinterläuft die Mauer und verwertet den Steilpass als Torschuss oder als Flanke.

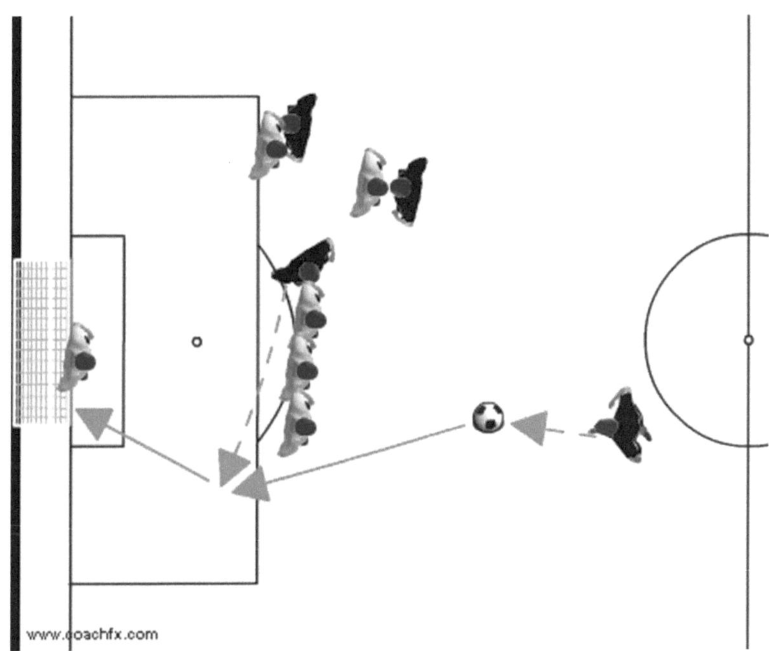

4. Ein am Strafraum positionierter Mitspieler startet dem möglichen Anspiel entgegen und passt direkt weiter zu dem seitlich an der Mauer positionierten Mitspieler.

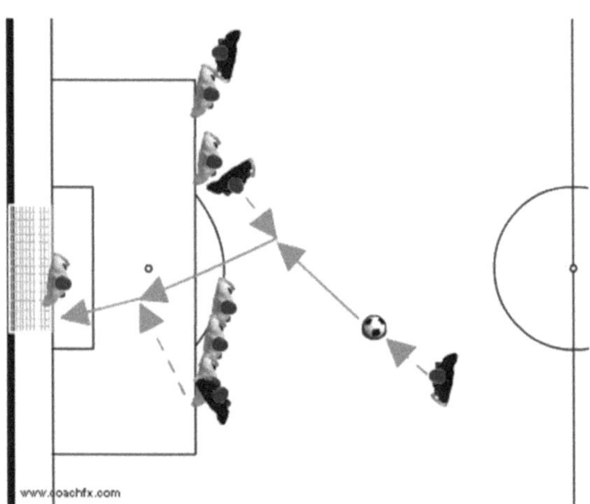

5. Natürlich trainieren wir auch den direkten Freistoß mit einer direkten Ausführung. Hier wird die geringste Anzahl von Spielern benötigt, eine mindestens Zwei-Mann-Mauer, einen Torwart und einen Schützen.

Freistöße für Spezialisten

Die Freistöße für Spezialisten können nur trainiert werden, wenn ein Schütze in der Mannschaft ist, der über eine enorme Schusskraft und Schussgenauigkeit verfügt. Trainieren Sie mit diesem Spieler Freistöße aus großer Entfernung, die direkte Verwandlung von Eckstößen oder Kunststößen über die Mauer (hier reicht auch ein Schütze mit perfekter Schusstechnik aus, der nicht die größte Schusskraft besitzt).

8. Trainingseinheit

Eckballtraining (zweite Station)

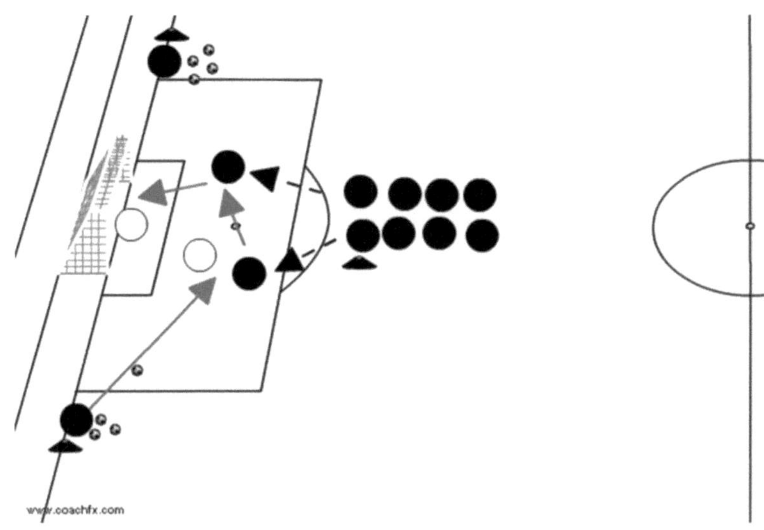

An dieser Station werden Eckbälle abwechselnd von links oder rechts geschossen. Zwei Stürmer versuchen gegen einen Abwehrspieler und dem Torwart, ein Tor zu erzielen. Habe ich mehr als zwei Stürmer zur Verfügung, wechseln nach jedem Eckball die Stürmer.

Elfmetertraining (dritte Station)

Auch ein Elfmeterschießen kann man trainieren. Die Anzahl der Spieler richtet sich auch hier nach der Gesamtanzahl. Ist die Spieleranzahl insgesamt gering, kann auch an nur zwei Stationen gleichzeitig trainert werden.

8. Trainingseinheit

Einwurftraining? (vierte Station)

An dieser Station kann ein Einwurftraining auf Weite und Wurfgenauigkeit trainiert werden. Es kann zum Beispiel ein Einwurftraining auf ein besetztes Tor durchgeführt werden. Die Entfernung wird der Wurfweite angepasst.

Zum Abschluss der Trainingseinheit erfolgt ein freies Abschlussspiel.

9. Trainingseinheit

Training der fußballspezifischen Kondtion

1. Ausführliches Einleitungsprogramm mit dem Sprinter ABC und / oder der Koordinationsleiter

2. Explosiver wechselseitiger Angriff

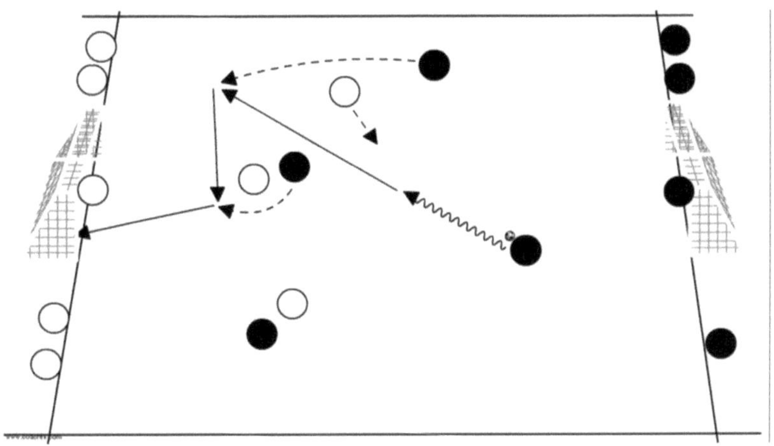

Von jeder Seite erfolgt abwechselnd ein Angriff von 4 gegen 2 oder 4 gegen 3. Die Mannschaft in Unterzahl darf bei Ballgewinn auch den Torerfolg suchen. Bei jeglicher Spielunterbrechung erfolgt sofort der Überzahlangriff der anderen Mannschaft. Die bertreffenden Spieler betreten oder verlassen den Platz, der Torwart leitet den neuen Angriff ein.

9. Trainingseinheit

3. Spielverlangsamung / Spiel auf Zeit / Ruhe ins Spiel bringen

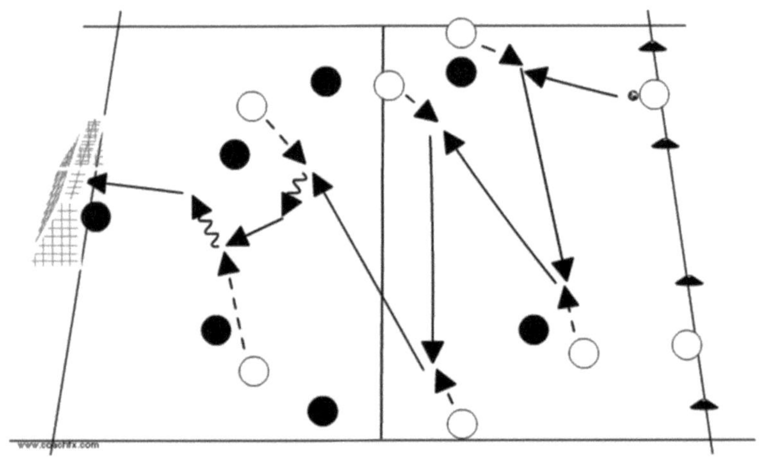

Bei dieser Übung wird 5 bis 7 gegen 5 bis 7 auf zwei große und besetzte Tore gespielt. Erobert eine Mannschaft den Ball in der eigenen Spielfeldhälfte, müssen in dieser erst vier bis zehn Pässe gespielt werden, bevor in die gegnerische Hälfte gepasst werden darf.

Variation: Unter den mindestens vier Pässen muss ein Doppelpass integriert werden.
Bei diesem Spiel lernt die Mannschaft mit der Zeit den Ball sicher in den eigenen Reihen zu halten. Dies bedeutet gegenüber dem Gegner ein Signal der Ruhe und Überlegenheit wie es auch Bundesliga-Mannschaften machen.

9. Trainingseinheit

4. Es folgt zum Abschluss ein „freies“ Spiel ohne technische oder taktische Vorgaben.

10. Trainingseinheit

Erhöhung der fußballspezifischen kognitiven Fähigkeiten

Einleitungsübung 5 gegen 2

- Erster Durchgang mit maximal drei Ballkontakten

- Zweiter Durchgang mit maximal zwei Ballkontakten

- Dritter Durchgang mit Direktspiel

10. Trainingseinheit

Elementare kognitive Übungen

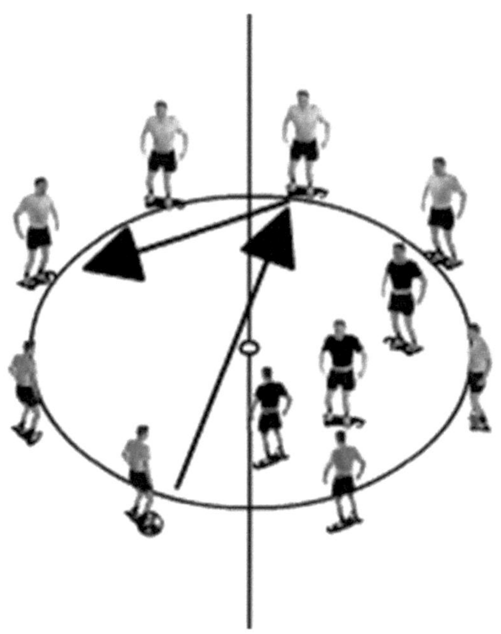

1. Übung: Die Spieler stellen sich in einer Kreisformation auf (siehe Abbildung oben). Bei der ersten Übung befinden sich noch keine Gegenspieler im Kreis und kein Spieler ist in Ballbesitz. Wir beginnen mit einem leichten Übungsteil. Der Trainer oder die Trainerin macht die Übung vor. Gleichzeitiges Armkreisen nach hinten für ein Paar Sekunden; gleichzeitiges Armkreisen für ein paar Sekunden nach vorne; wechselseitiges Armkreisen (Art Rückenkraul) nach hinten für ein paar Sekunden; wechselseitiges Armkreisen nach vorn

für ein paar Sekunden; der letzte Übungsteil wird der schwierigste, nun sollen die Arme gegengleich gekreist werden, d.h. ein Arm wird nach hinten geschwungen und ein Arm nach vorn. Das ist nicht ganz so leicht und wird etwas länger geübt.

2. Übung: Diese Übung braucht höchste Konzentration und kognitive Fähigkeiten. Sie kann immer wieder im Training eingebaut werden, wenn die Spieler eine kurze Erholungspause brauchen. Die Spieler sollen mit dem Zeigefinger einer Hand vor dem Oberkörper eine kleine Kreisbewegung ausführen und gleichzeitig mit dem Zeigefinger der anderen Hand ein kleines Quadrat in die "Luft" malen. Die Übungszeit wird auf etwa eine Minute begrenzt (wegen aufkommender Langeweile) und kann auch als kleine Hausaufgabe gestellt werden.

3. Übung: Wir spielen jetzt z.B. 8 gegen 3 mit ein bis drei Ballkontakten. Der Spieler der den Ball zugepasst bekommt, soll aber bevor er den Ball annimmt oder weiterleitet, mit einer Hand zuvor den Boden berühren. Bei Fehlern darf immer der Spieler den Kreis verlassen, der am längsten dort verweilte. Der Spieler, der den Fehler begann, gesellt sich zu den beiden anderen in den Kreis.

4. Übung: Der Passgeber muss nun den Vornamen des Spielers nennen, den er anspielt.

5. Übung: Die dritte und vierte Übung werden kombiniert.

Danach erfolgt ein "freies" Abschlussspiel.

Literaturverzeichnis

Claßen, M. / Schnepper, W.:
Taktiktraining im Jugendfußball, BOD, 2011

Claßen, M. / Schnepper, W.:
Taktiktraining im Jugendfußball 2, BOD, 2012

Claßen, M. / Schnepper, W.:
Pressing mit System, BOD, 2012

Schnepper, W. / Claßen, M.
E-Jugend / D-Jugendtraining: effektive Übungen,
BOD, 2014

Schnepper, W. / Claßen, M.
D-Jugend / C-Jugendtraining:
30 komplette Trainingseinheiten,
BOD, 2016

Notizen

Notizen

FSC
www.fsc.org
MIX
Papier aus verantwortungsvollen Quellen
Paper from responsible sources
FSC® C105338